Frantz Wittkamp

Ich glaube, daß du ein Vogel bist

Frantz Wittkamp, geb 1943 in Wittenberg, lebt in Lüdinghausen als freischaffender Maler. Ständige Ausstellung in eigener Galerie. Veröffentlichte u. a. Illustrationen zu Kinderbüchern.

Für Annette

Frantz Wittkamp

Ich glaube, daß du ein Vogel bist

Verse und Bilder

Weißt du nicht, wo ein Wort entsteht?
Im Buchstabengarten, im Alpha-Beet.

BELTZ
& Gelberg

Programm Beltz & Gelberg, Weinheim

Einband und Vorsatz von Frantz Wittkamp
Gesamtherstellung Druckhaus Beltz, 6944 Hemsbach
Printed in Germany
ISBN 3 407 80186 6

Oft, wenn wir am Ufer stehen,
fährt das große Schiff daher,
und wir können es nicht sehen,
weil es grau ist wie das Meer.

Ich schenk dir ein Schloß, das ist nicht bezahlt,
und Rosen, die sind aus Papier,
und Edelsteine, die sind nur gemalt,
und Gedichte, die sind von mir.

Schöner Vogel, sing für mich,
dein Gesang ist süß und hell.
Sing für mich, ich höre dich,
und mein Herz schlägt doppelt schnell.

Ich wäre gerne riesengroß,
zur Not auch winzig klein.
Denn jeder sagt: »Wie kann man bloß
so mittelmäßig sein?«

Lebe wohl, du gehst, ich bleibe.
Mach es gut, ich wünsch dir Glück!
Wenn du einsam bist, dann schreibe
oder komm zu mir zurück.

Vor mir eine riesige Wand,
die galt es zu überwinden.
Leitern waren noch nicht bekannt.
Ich mußte sie also erfinden.

Manchmal gibt es Sonnenschein,
manchmal gibt es Regen.
Einer sagt: »So muß es sein«,
der andre ist dagegen.

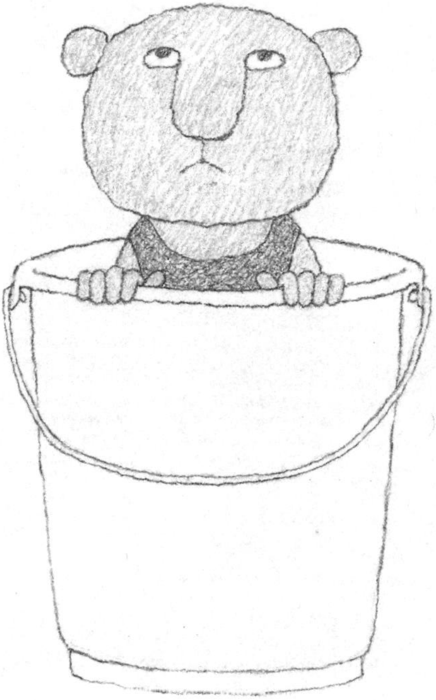

Sie hatten Zeit und gingen gemach,
sie lachten und redeten viel.
Sie gingen immer der Nase nach
und eigentlich ohne ein Ziel.

Manchmal ist er zu beneiden.
Alle wissen, wie er heißt.
Aber keiner mag ihn leiden,
weil er alle Leute beißt.

Gegen Abend fragte das Kind:
»Weißt du, wo ich zu Hause bin?«
»Ja, das weiß ich«, sagte der Wind.
»Komm nur mit, ich bringe dich hin.«

Der Wald ist endlos. Ein Käuzchen lacht.
Überall lauert der schwarze Mann.
Gott sei Dank ist stockfinstere Nacht,
so daß er mich gar nicht sehen kann.

Wenn der Bär nach Hause kommt

Wenn der Bär nach Hause kommt,
dann freun sich alle sehr,
denn meistens bringt er Honig mit
und manchmal auch noch mehr.

Wenn der Bär sich ausruhn will,
dann legt er sich aufs Ohr.
Die Bärin holt sein Lieblingsbuch
und liest ihm daraus vor.

Wenn der Bär Bekannte trifft,
dann grüßt er mit dem Hut.
Die Leute fragen: »Na, wie geht's?«
Und er sagt: »Danke, gut.«

Wenn der Bär erzählen soll,
erzählt er tolle Sachen.
Manchmal etwas Trauriges
und manchmal was zum Lachen.

Wenn der Bär zum Schwimmen geht,
dann geht die Bärin mit.
Wenn einer zu Besuch da ist,
dann gehen sie zu dritt.

Wenn der Bär verreisen will,
dann packt er seine Taschen:
frische Wäsche, Proviant
und allerlei zum Naschen.

Wenn er nichts zu fressen hat,
dann sucht der Bär sich Futter.
Und wenn er selbst nichts finden kann,
dann fragt er seine Mutter.

Manchmal ist der Bär allein,
dann kommt er mich besuchen.
Wir trinken ein Glas Gänsewein
und essen Marmorkuchen.

Wenn der Bär spazieren geht,
dann singt er Wanderlieder.
Schade ist, er kennt nur eins,
das singt er immer wieder.

Morgen wird das Wetter gut,
dann sitzt der Bär im Garten.
Er spielt mit Freunden ›Fang den Hut‹
und Domino und Karten.

Komm, wir teilen brüderlich
den Apfel in der Mitte.
Zwei der Hälften esse ich,
und du bekommst die dritte.

Übermorgen bin ich verreist.
Morgen geht's nicht, wie du ja weißt.
Heute kann ich nicht, tut mir sehr leid.
Gestern allerdings hatte ich Zeit.

Ab und zu trafen Nachrichten ein
oder Besuch kam irgendwoher.
Aber eigentlich war er allein,
und er liebte die Einsamkeit sehr.

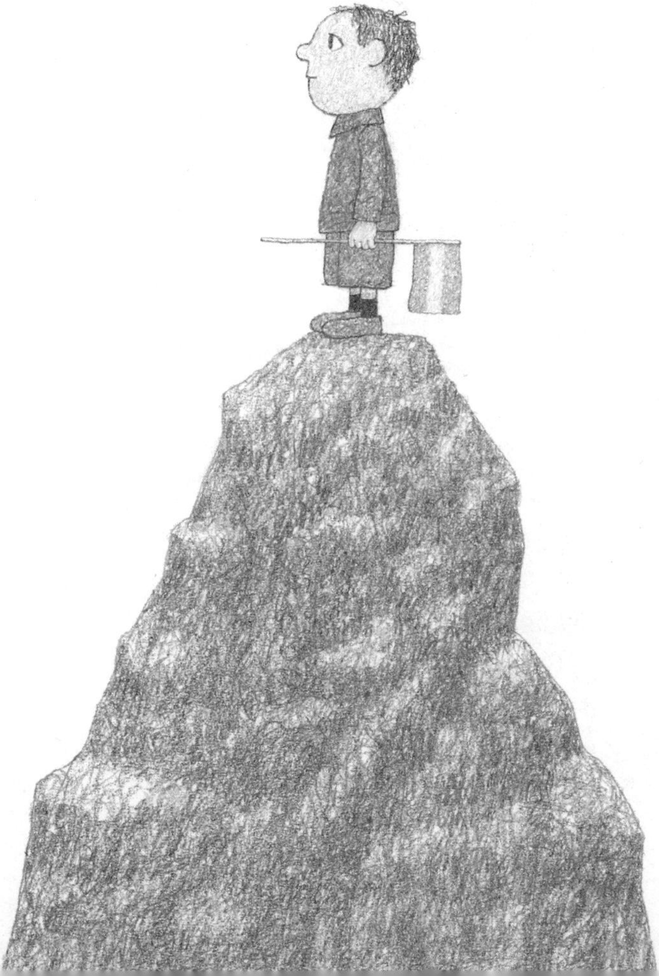

Der Riese blickte bedrohlich drein
und öffnete seine Pranke.
Ich legte ihm ein Bonbon hinein,
da sagte er leise: »Danke.«

Die Erde zittert, da wo wir stehen.
Und wo wir gehen, wackelt die Wand.
Wir werden so leicht nicht übersehen,
ich und mein Freund, der Elefant.

Warum sich Raben streiten

Weißt du, warum sich Raben streiten?
Um Würmer und Körner und Kleinigkeiten,

um Schneckenhäuser und Blätter und Blumen
und Kuchenkrümel und Käsekrumen

und darum, wer recht hat und unrecht, und dann
auch darum, wer schöner singen kann.

Mitunter streiten sich Raben wie toll
darum, wer was tun und lassen soll,

und darum, wer erster ist, letzter und zweiter
und dritter und vierter und so weiter.

Raben streiten um jeden Mist.
Und wenn der Streit mal zu Ende ist,

weißt du, was Raben dann sagen?
Komm, wir wollen uns wieder vertragen!

Da oben auf dem Berge

Da oben auf dem Berge,
da steht eine Kuh,
die singt gern im Dunkeln,
und der Mond hört ihr zu.

Da oben auf dem Berge,
steht einer und weint,
der ist ganz alleine
und hat keinen Freund.

Da oben auf dem Berge
steht einer, der schreit
und möchte nach Hause.
Der tut mir so leid.

Da oben auf dem Berge,
da stehn zwei Paar Schuh,
das eine nehm ich,
und das andre kriegst du.

Da oben auf dem Berge
steht einer und singt,
aber Gott sei Dank leise,
weil es nicht so schön klingt.

Manchmal, wenn ich im Garten liege
und langsam ziehen die Wolken dahin,
fühle ich deutlich, wie ich fliege.
Ich glaube, daß ich ein Vogel bin.

Pfützen gab es so groß wie das Meer,
es sah damals alles anders aus,
fast täglich flogen Drachen hierher,
und das Gras war so hoch wie das Haus.

Leute, die auf Stelzen gehen,
können in die Ferne sehen,
sie können den Himmel berühren
und passen nicht mehr durch die Türen.

»Es ist nicht einfach, ein Zwerg zu sein«,
gab mir der kleine Mann zu verstehen.
Er war ganz außergewöhnlich klein,
man konnte ihn überhaupt nicht sehen.

Der Bleistift flüsterte: »Glaube mir,
ich kann ohne dich nicht leben.«
»Du Schmeichler«, sagte das Blatt Papier,
»das mußt du mir schriftlich geben.«

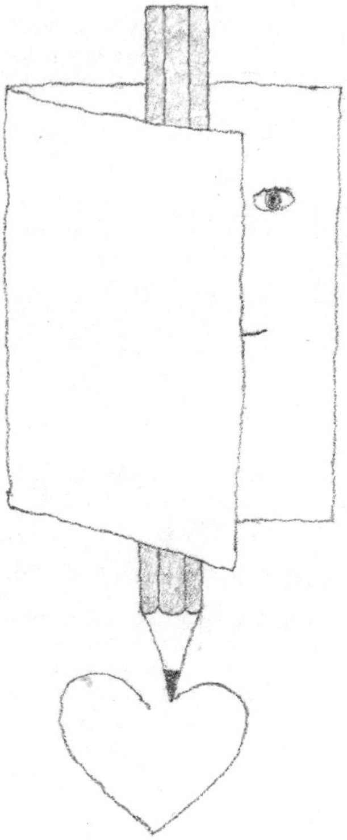

Wie gut, daß ein Hase nicht lesen kann,
dachte der Hase und rieb sich die Pfoten.
Er holte tief Luft und öffnete dann
die Tür mit der Aufschrift *Zutritt verboten.*

Zwischen ihnen befand sich ein Tisch.
Schweigend saßen die beiden dort.
Er war genau so stumm wie ein Fisch,
und sie sagte nicht ein Wort.

In meinem Kopf ist einer, der spricht.
Der würde mich niemals fragen,
ob ich ihn hören will oder nicht.
Der hat immer was zu sagen.

Tanz, mein Mädchen,
spring, mein Mädchen,
dreh dich, eins zwei drei!
Gestern war schon,
morgen kommt noch,
heut ist bald vorbei.

Zehn Millionen Tropfen fallen.
Zehn Millionen Tropfen Regen.
Nur so weiter, sag ich allen.
Nur so weiter, meinetwegen.

Darf ich dir etwas Kostbares geben?
Ich gebe dir zehn Minuten Zeit
und ein Kästchen, um sie aufzuheben.
Dann hast du ein Stück Ewigkeit.

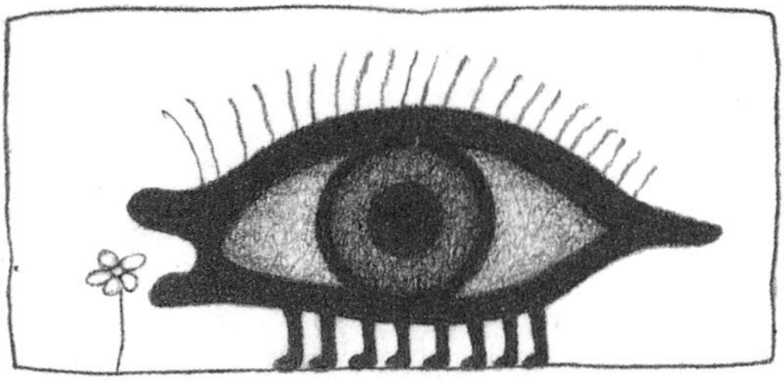

Wir kamen vollkommen ahnungslos
und blieben wie angewurzelt stehen,
die Augen wurden uns riesengroß,
wir hatten dergleichen noch nie gesehen.

Alle Tage, immer wieder
muß ich an dich denken;
was ich denke, schreib ich nieder,
um es dir zu schenken.

Während ich hier auf dich warte,
fährst du in die weite Welt.
Schreib mir doch auf einer Karte,
ob dir diese Welt gefällt.

Der Löwe gähnte. Ich mußte lachen.
Seine Augen waren ganz klein.
»Wir könnten morgen früh weitermachen«,
sagte er, und dann schlief er ein.

Immer geht es rund auf Erden.
Alles läuft, was laufen kann.
Morgen will ja heute werden,
und die Zeit hält keiner an.

Als ich ins Zimmer kam, brannte das Licht.
Es herrschte ein fremder Geruch.
Der Bär lag im Bett und hörte mich nicht.
Was er las, war ein Märchenbuch.

Nichts gelesen, nichts geschrieben,
alt geworden, dumm geblieben.
Ist mir aber auch egal,
klappt vielleicht das nächste Mal.

Sie hatten ihn liebevoll aufgezogen
und fütterten ihn ein ganzes Jahr.
Auf einmal ist er davongeflogen.
Da wußten sie, daß er ein Vogel war.

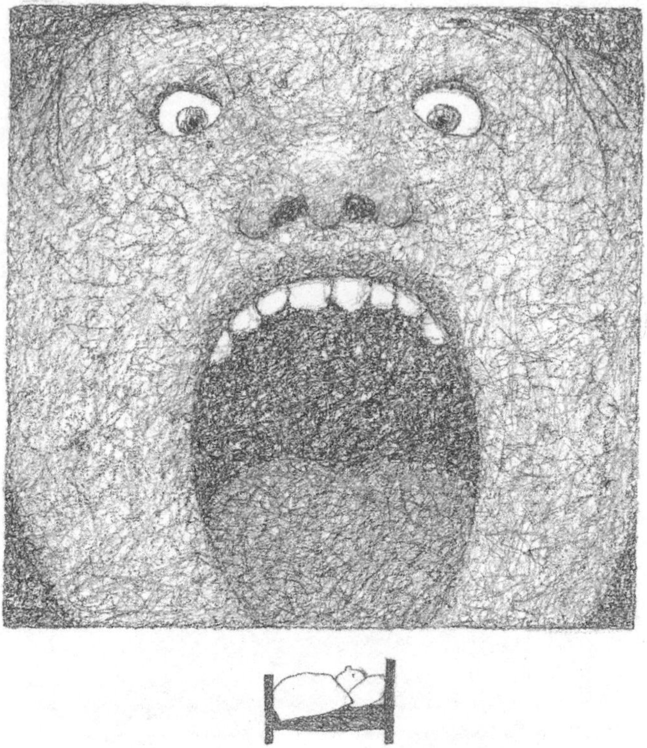

In Angst und Entsetzen liege ich still.
Kein Zweifel, daß er mich auffressen will.
Da sage ich leise das Zauberwort –
ich öffne die Augen, und schon ist er fort.

Ja ist ja und nein ist nein.
Was nicht sein kann, kann nicht sein.
Hoch ist hoch und tief ist tief.
Was nicht gutgeht, das geht schief.

Er liebte die Pflanze immer mehr
und schien von ihr besessen.
Sie wuchs und wurde so groß wie er.
Dann hat sie ihn aufgefressen.

Sterne frieren, die Nacht liegt wach,
leise beißt das Eis in den See.
Vögel fallen erstarrt vom Dach,
Träume ruhen begraben im Schnee.

Am Haken hängt der Hampelmann.
Er hängt nicht gerne still.
Er freut sich, wenn er hampeln kann.
Er hampelt, wenn ich will.

Verlegen blickte der Bär mich an,
und schließlich brummte er mir ins Ohr:
»Du weißt doch, daß ich nicht lesen kann,
liest du mir eine Geschichte vor?«

»Vögelchen, Vögelchen,
wo kommst du her?«
»Ich kann es nicht sagen,
ich weiß es nicht mehr.«

»Vögelchen, Vögelchen,
wo gehst du hin?«
»Das kann ich erst wissen,
wenn ich hier nicht mehr bin.«

Ich nahm das kleine Buch zur Hand.
Mir wurden die Augen groß,
weil alles ringsumher verschwand.
Und schon ging die Reise los.

Gestern war ein Tag zum Weinen.
Gestern war ich nicht gesund.
Heute bin ich auf den Beinen.
Morgen geht es wieder rund.

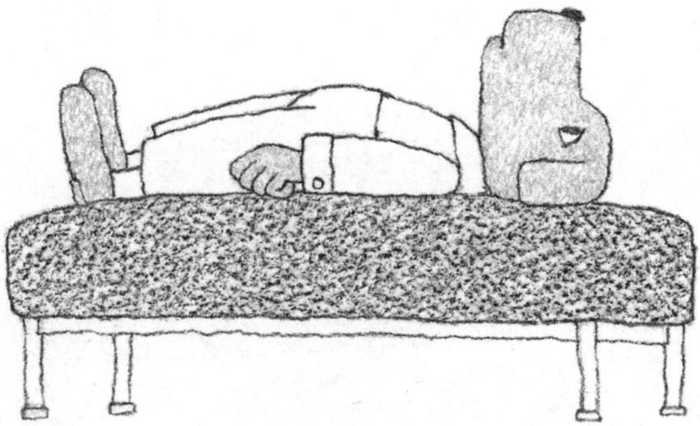

Millionenfacher Schein,
Lichterheer der Sterne,
Riesen sind so winzig klein,
Riesen in der Ferne.

Schreib mir, ob die Vögel singen,
ob die Erde sich noch dreht,
und vor allen andern Dingen
schreib mir bitte, wie's dir geht.

Gestern sang mein Vögelein:
»Immer will ich bei dir sein.«
Gestern hat es wohl gelogen.
Heute ist es fortgeflogen.

Ich kann nicht sagen, woran es lag,
der Himmel schien ungewöhnlich hell,
es war ein ganz besonderer Tag.
Er verging auch ganz besonders schnell.

Als ich durch das Gartentor schaute,
sah ich ein großes, schreckliches Tier.
Es war so häßlich, daß es mir graute,
und fragte freundlich: »Willst du zu mir?«

Ich hab Geduld und warte ab,
bis ich sie verloren hab.
Nur um zu sehen, was passiert,
wenn man die Geduld verliert.

„Nimm deine Pfoten weg, ich platze!"
sagte der Luftballon zur Katze.

Liebe Leute, hört mich an,
nur damit ihr eines wißt:
Was man nicht mehr ändern kann,
das muß bleiben, wie es ist!

Ich freue mich, wenn ich dich seh.
Ich finde dich so nett,
ich schenke dir mein H und E
mein R und auch mein Z.

Eben fällt ein schönes Wort
auf ein Blatt Papier,
und schon kann es nicht mehr fort.
Jetzt gehört es mir!

Der weiße Rabe war allein.
Er dachte an die schwarzen Raben.
Er wollte auch so einer sein.
und rabenschwarze Federn haben.

Als er das Blümchen in Pflege nahm,
wirkte es unscheinbar und kahl.
Aber als es zu trinken bekam,
redete es zum ersten Mal.

Als ich des Nachts aus dem Fenster schaute,
sah ich ihn, wie er im Garten stand
und die noch unreifen Birnen kaute,
grau und riesig, ein Elefant.

In der Nacht war ein schöner Vogel hier.
Er sang ein Lied und lag neben mir.
Heute morgen mußte er weiterfliegen
und ließ auf dem Bett eine Feder liegen.

Die Leute zittern wie Laub im Wind.
Aus Angst verstecken sie sich.
Sie wissen nämlich, wie stark wir sind,
mein Freund, der Löwe, und ich.

Kater, zieh die Stiefel an,
komm, wir gehn hinaus.
Wenn ich nicht mehr laufen kann,
trägst du mich nach Haus.

Ungewöhnlich wirkte er nicht,
wie er so vor mir stand.
Aber etwas in seinem Gesicht
machte ihn interessant.

Er fragte sie: »Hast du etwas Zeit?
Bleib doch mal einen Augenblick stehen.«
Die Uhr sagte: »Nein, es tut mir leid.
Du weißt, ich muß immer weitergehen.«

Einer, der vorübergeht,
gibt dir dies zu lesen,
einen Zettel, auf dem steht:
»Ich bin hier gewesen.«

Als der Bär im Nachtgewand
auf die Straße rannte,
hat ihn niemand mehr erkannt.
Nicht mal seine Tante.

Ich hole ein uraltes Buch ans Licht,
lese Namen und lese Adressen
und finde gepreßt ein Vergißmeinnicht.
Ich hatte es ganz vergessen.

Augenblicke festzuhalten,
das ist Kunst, man muß sie fassen
und mit beiden Händen falten,
bis sie in die Tasche passen.

Da sitzt er in der Kammer.
Kein Mensch will ihn besuchen.
Er ißt mit lautem Jammer
allein den ganzen Kuchen.

Wo die zufriedenen Leute wohnen,
trägt man anstelle von Hüten Kronen,
und nur ein einziger trägt einen Hut.
Das ist der König, der hat es gut.

Als ich nach seiner Adresse fragte,
fühlte ich, wie er die Frage genoß.
Stolz sah der Schlüssel mich an und sagte:
»Ich bin zu Hause in einem Schloß.«

Die Suche war aussichtslos, ohne Licht.
Wir hatten dennoch die Tür gefunden,
aber wir öffneten sie noch nicht,
wir zögerten einige bange Sekunden.

Einmal, als wir spazieren gingen,
hörte die Nachtigall mich singen.
Sie sagte: »Wie schön deine Stimme ist,
ich glaube, daß du ein Vogel bist.«

Von Ferne kommt die Nacht gefahren
in ihrem stillen Boot.
Sie trägt in langen, dunklen Haaren
ein Band von Abendrot.

Vielleicht hast du morgen ein Königreich,
vielleicht und vielleicht auch nicht,
und wenn du es nicht hast, weine nicht gleich,
du hast ja dieses Gedicht.

»Wo die Blätter geblieben sind?
Keine Ahnung!« sagte der Wind.

Einige Dinge sind sehr kompliziert.
Man muß sie zuerst begreifen,
damit man die Angst vor ihnen verliert,
und dann kann man darauf pfeifen.

Er war ein Bär und kam aus dem Wald,
nichts Besonderes, einer von vielen.
Aber die Leute liebten ihn bald.
Er konnte wunderschön Flöte spielen.

Es war mal wieder kein Schiff in Sicht,
und der Horizont blieb leer.
Aber nach Hause gingen wir nicht,
wir schauten weiter aufs Meer.

Wir haben am Fluß gesessen.
Wenn Schiffe geschwommen kamen,
lasen wir ihre Namen
und konnten sie nicht vergessen.

Alles war Dunkelheit, und was ich sah,
lag in unendlicher Ferne,
und es war nichts in der Welt mir so nah
wie die unerreichbaren Sterne.

Der fette Vogel singt nicht mehr.
Er hat zuviel gefressen.
Da sitzt er, auch das Herz ist schwer.
Er hat sein Lied vergessen.

Gestern hab ich mir vorgestellt,
ich wär der einzige Mensch auf der Welt.
Ganz einsam war ich und weinte schon,
da klingelte leider das Telefon.

Als die Prinzessin den Ring verlor,
las ihr der Prinz das Märchenbuch vor,
und auf der vorletzten Seite stand,
wie die Prinzessin ihn wiederfand.

Bald wurde der Himmel freundlich und hell,
der Weg war aber noch weit.
Er ging nicht zu langsam und nicht zu schnell,
er hatte genügend Zeit.

Der Rabe dachte: Mein lieber Mann,
den Schnabel zu halten, wie fällt mir das schwer.
Ein Glück, daß ich noch nicht reden kann;
ich hätte sonst keine Geheimnisse mehr.

Zum Abschied liebkoste er ihr Haar.
Dann verneigte er sich vor dem Throne.
Und als der Räuber gegangen war,
vermißte die Prinzessin die Krone.

Bald ist der Winter wieder hier.
Auch dieser Winter geht vorbei.
Du bist bei mir, ich bin bei dir,
und unser Mantel reicht für zwei.

Weil ich dich vergessen habe,
denke ich nicht mehr an dich.
Bin ich nicht ein Unglücksrabe?
Sei so lieb und tröste mich!

»Ich bin der erste, doch du bist der Sieger,
weil du ein Löwe bist«, sagte der Tiger.

Schreib einen Wunsch auf ein leeres Blatt.
Keiner darf es dein Leben lang sehen.
Und wenn es keiner gesehen hat,
wird er vielleicht in Erfüllung gehen.

Dieses ist mein letztes Gedicht.
Nun ist der Brunnen wohl leer.
Mehr Gedichte mache ich nicht.
Jedenfalls heute nicht mehr.

Wie man Gedichte macht

Nichts einfacher als das. Für das Gedichtemachen braucht man keine Ausbildung und kein Werkzeug, weder eine Werkstatt noch eine besondere Arbeitskleidung. Zum Beispiel könnte ich bei einem Spaziergang durch die Stadt ein Gedicht machen, ohne auch nur die Hände aus der Tasche zu nehmen oder irgendwo stehenzubleiben. Sobald das Gedicht fertig ist, kann ich es in meinem Kopf nach Hause tragen, und niemand ahnt, daß ich etwas mitbringe.

Bei schlechtem Wetter allerdings bleibe ich zu Hause. Ich sitze am Fenster und warte so lange, bis mir etwas einfällt. Früher oder später gibt mir ein glücklicher Zufall Gedanken in den Kopf, aus denen ein Gedicht wird. Meine Arbeit besteht also hauptsächlich im Vertrauen auf diesen glücklichen Zufall.

Einmal, als ich im Sommer beim offenen Fenster auf einen Zufall wartete, geschah etwas Merkwürdiges. Da kam von gegenüber aus der blauen Luft ein Schmetterling. Er schaukelte zum Fenster herein und setzte sich auf meinen Kopf. Das fand ich so schön, daß ich still saß ohne zu atmen, bis er einen Augenblick später wieder davonflog. Diesen Schmetterling habe ich nicht vergessen. Wie ein schönes Gedicht war er ein glücklicher Zufall. Solche Zufälle lassen sich nicht erzwingen, aber es lohnt sich, auf sie zu warten, und – man kann ihnen das Fenster öffnen.

Frantz Wittkamp

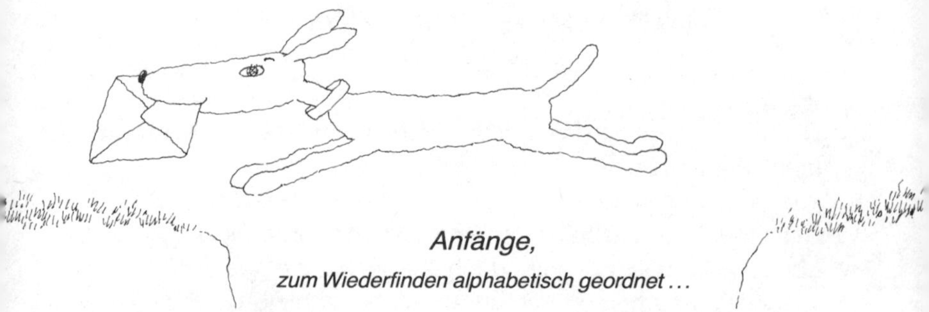

Anfänge,

zum Wiederfinden alphabetisch geordnet ...

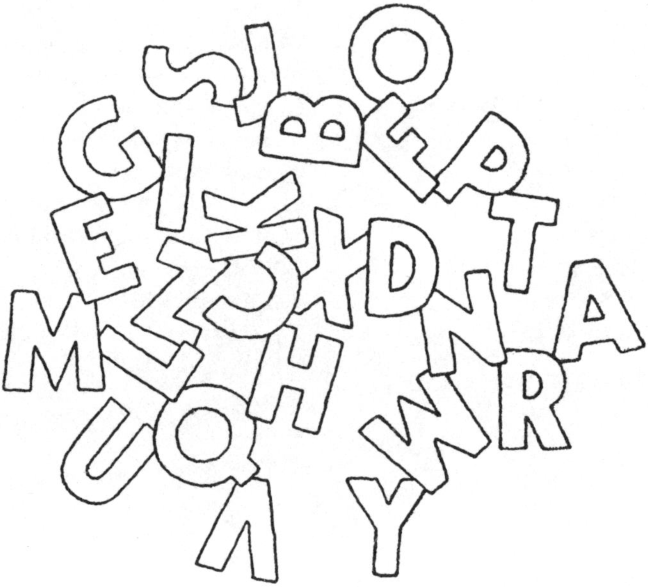